艺术是自然的右手。自然只让我们存在，而艺术创作我们人类。

 弗里德里希·席勒

跟大师一起做创意胎教

刘春梅 ◎ 主编

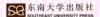

东南大学出版社
SOUTHEAST UNIVERSITY PRESS

胎宝宝通过妈妈探知世界

你知道吗，我们每个人在妈妈肚子里就开始学习了！科学家通过一个有趣实验也证实了这点：孕妈妈每天看同一部肥皂剧，宝宝出生后听到该电视剧主题曲会显得异常兴奋。这说明宝宝在子宫里已经对外界有所感知和记忆了。当妊娠进入到第七个月时，胎宝宝的味蕾已经完全发育，嗅觉器官也开始工作。曾经有人让一组孕妈妈在孕晚期喝下大量的胡萝卜汁；而另一些孕妈妈则不喝。她们的孩子出生后，妈妈孕期喝下大量胡萝卜汁的宝宝明显比妈妈孕期没有喝胡萝卜汁的宝宝更喜欢胡萝卜汁的味道。显然，他们通过羊水记住了妈妈吃过的食物的味道。

胎教，是为了传递快乐

既然胎宝宝能够通过我们来感知这个世界，那我们为什么不把更多美好的东西带给他呢？比如，看一些好玩好笑的电影，做点烘焙，跟闺蜜们聚会，闲暇时候养养花种种草，做个手工织织毛衣，那些只要能够让自己放松的、愉悦的、平静的手段都是最好的胎教……当然，最不要忽略的是你跟老公的交流，要知道，你们的柔情蜜意可是胎宝宝最重要的精神养料呢！

我们的创意胎教书在做什么？

　　我们希望能为孕妈妈和胎宝宝提供这样一种可能:把艺术的想象力和艺术的吸引力贯穿在日常生活中，把美好而经典的作品呈现给孕妈们，同时能够激发女性内心深处最温柔、最动人的母性和最不可思议的创造潜能，让孕妈妈带着腹内的胎儿一起在美的节奏中和谐发展。我们期望能在经典与流行之间、在传统与现代之间，架起一座桥，让孕妈妈带着胎宝宝呼吸艺术的美，触摸艺术的美，创造艺术的美——这是我们制作这本书的初衷。为此，我们做了这样一些努力：

　　首先，这本书并没有专注于某类艺术。世界上不同的国家、不同的时代，艺术作品大不相同。但它们共同的特质，美，总是能穿越千年直击心灵最柔软处。所以，我们教给胎宝宝的第一堂艺术课是包容的胸怀，观看艺术的所有种类，听从内心召唤，感受艺术那难以抗拒的魔力。其次，我们选取的作品都是倾向于明快的、柔和的，虽然作品能够传递创作者的喜、怒、哀、乐、思，但在怀孕期间，我们还是希望您能够"非美勿视"，还是回到我们传递快乐的宗旨上来。最后，我们选择的手工与大师名作都有高度的关联性，放弃了过往读者只能看不能有更多参与的单线编排形式，让您和宝宝站在大师的肩膀上一起来创作，也期待你们通力合作，一起创造出比书里还漂亮的作品来哦！

　　孕育新生命，是一个美好而永不缺乏惊喜的过程，希望艺术的陪伴能让您和宝宝这一路走得更精彩！

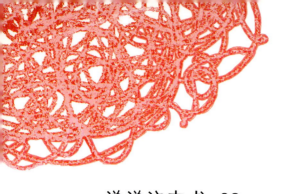

目录

说说这本书 06

家庭 08

动动手：用纸袋子完成家族树 10

脸 12

动动手：用树叶制作不同的脸14

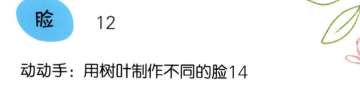

出游 16

动动手：松塔光盘烛台18

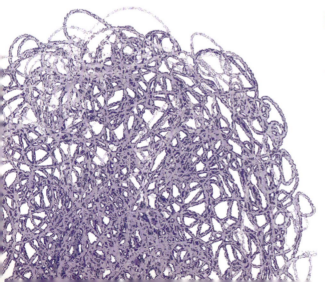

四季 20

动动手：剪来雪花装点冬天22

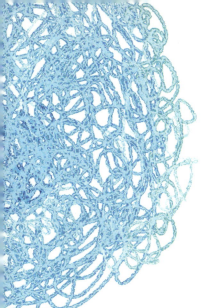

花朵　24

动动手：亲手制作爱的花朵26

鱼　28

动动手：剪条鱼儿养起来30

有颜色的几何图形　32

动动手：熔化的蜡笔画34

母与子　36

动动手：用"心"连接母与子38

舞蹈　40

动动手：跳舞吧 42

住所　44

动动手：温暖的家46

艺术胎教小叮咛　48

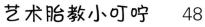

说说这本书

- 它是一本艺术胎教书。书中有许多艺术大师的作品，让胎宝宝徜徉其中，是最好的艺术胎教。

- 它也是一本幼儿艺术启蒙书。宝宝出生后，您可以时时带他翻阅这些优秀的作品，让他得到最初的审美训练。

- 它是一本艺术创意书。书中有艺术大师的作品，更有充满趣味的艺术创作。相信孕期中的您一定会在大师作品的激发下，发挥自己的创意，动手创作自己的作品。

- 它还是一本亲子共读书。有什么比带着宝宝一起完成书中的手工作品更好的亲子活动呢？

常用工具单

铅笔　　蜡烛　　胶水　　剪刀
光盘　　卡纸　　吹风机　订书机
针线　　蜡笔　　松塔　　树叶

家庭

乔万尼·阿诺尔菲尼和妻子的肖像

扬·凡·埃克（1385 — 1441）

荷兰画家，早期尼德兰画派最伟大的画家之一。

  发现墙上挂的凸面镜了吗？镜中反映的是画面描绘的前半部分：敞开的窗，红色的床，中间吊灯的下面是两个人默默站立着的背影；两人背影之间的房门，有两个人正走进来。在镜子与吊灯之间还有一行拉丁文"Johannes de eyck fuit hic"，即"扬·凡·埃克在场"，也许进来的两人中就有画家本人吧。

家庭群像

亨利·摩尔（1898—1986）
英国雕塑家

　　这件雕塑作品线条简单，一个男人和一个女人在抱着他们的孩子——女人环抱着孩子的腰部，男人托着孩子的双脚——原本独立的男人和女人因为孩子而永远地联结在一起。浓厚的红铜色，光滑柔和的表面，温暖而安宁——稳妥的幸福味道。摩尔在创作雕塑作品时会先在纸上画出素描，再制作一个小比例的实材雕塑，然后直接在铜、铁、石材料上雕刻；而不会像大部分雕塑家一样制作石膏胚。

用纸袋子完成家族树

1 在纸袋上均匀画好1.5cm宽的直线,用剪刀沿线剪开。

2 整理纸袋底部,使之能直立。

3 拧紧剪开的纸条,成为树干。

4 分别拧出树的枝干,并准备好挂在树上的纸片。

5 制作各种形状的卡片,并写上家人的名字,最后用胶带将做好的小卡片粘到树枝上。

脸

戴帽子的女人

毕加索（1881—1973）
现代艺术创始人

　　这位女士的脸好奇怪，左边脸和右边脸的颜色和线条都不一样，好像属于两个不同的人。头发也只是一些粗粗的直线。找一找自己不同角度拍的照片，比较一下，差别大吗？

戴珍珠耳环的少女

维米尔（1632—1675）
荷兰巴洛克时期画家

  在这脉脉凝视中，我们忍不住想：她是谁？她身上发生过什么样的故事？2003年英国导演彼得·韦伯为此导演了一部缠绵绯恻的爱情电影《戴珍珠耳环的少女》。也有人认为画中少女并非画家的恋人，而是画家的女儿。

用树叶制作不同的脸

1 用乳胶涂在树叶上,在纸板上贴出头发。

2 接着贴出嘴巴和眼睛。

3 鼻子可以用笔画出来。

4 用两根枝条贴出脸部轮廓。

出游

大碗岛的星期天下午

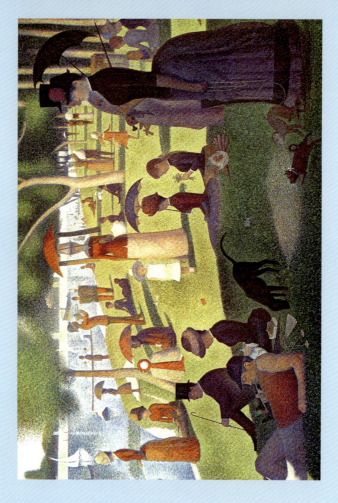

修拉（1859—1891）

法国画家，新印象画派的创始人。

这幅画描绘的是盛夏烈日下人们在大碗岛游玩的情景。近看会发现画中的一切似乎都笼罩在雾气中，看不清人物的五官——它是由精密、细致排列的不同颜色的小圆点组成的；在一定距离的视角范围内观看时，会呈鲜艳、饱满的色彩效果，但细看却并不清晰。

虢国夫人游春图

张萱

唐代画家，生卒年不详，长安（今陕西西安）人。

这是一幅春游图，但是它并没有为了逼真而故意营造远大近小的比例，使我们误以为是三维空间。这幅画中的人和马都是同样大小的，这也是中国的传统绘画与西方的传统绘画最明显的区别。

松塔光盘烛台

1 在光盘上摆放好蜡烛、松塔、干花的位置，确定烛台的造型。可以是"L"型，也可以是"C"型。

2 将摆好的蜡烛、松塔、干花——涂上乳胶。

3 将涂好乳胶的蜡烛、松塔、干花摆放在预定位置上。

四季

奥尼斯的栗子树

毕沙罗（1830—1903）
法国印象派大师

　　画中是栗子树在盛夏时旺盛生长的景象。叶子的颜色变幻丰富，由翠绿、黄绿和嫩绿组成了枝繁叶茂的栗子林。毕沙罗的生活非常艰辛，但他总是努力发掘世间的诗意和快乐，他曾对儿子说："一切事物都有美，问题在于怎样把它表现出来。"

名所江户百景：
爱宕下薮小路

歌川广重（1797—1858）
日本浮世绘画家

  爱宕是东京都港区的地名。现行行政地名为爱宕一丁目与二丁目，区内大部分为爱宕山。冬天很冷，画中雪白色和蓝色都是冷色调。日本的浮世绘不同于普通绘画，一般画家先在木板上刻出图案，然后用各种颜色的墨水染色，再印在铺好的纸上，主要描绘日常生活、风景和演剧。

剪来雪花装点冬天

❶ 选一张正方形的纸　　❷ 沿对角线对折　　❸ 沿步骤2虚线再对折　　❹ 沿如图虚线折两次

❺ 再沿如图虚线（任意位置）剪掉尾部　　❻ 在此基础上可根据下图剪出不同形状

试一试

按照图示，动手开始剪吧。

花朵

向日葵

梵高（1853—1890）
荷兰后印象派画家

画中的向日葵好像颤动的火焰。如果你仔细看，会发现横七竖八的笔触，因为画家喜欢在画布上涂抹厚重的颜料，这使得笔下的一切都充满了紧张的生命力。

青花缠枝纹碟

缠枝纹，俗称"缠枝花"，又名"万寿藤"。其结构连绵不断，故又具"生生不息"之意，寓意吉庆。缠枝纹是以藤蔓卷草经提炼变化而成，委婉多姿，优美生动，它是中国古代的重要装饰纹样，广泛用于各类工艺品。

岁朝清供

吴昌硕（1844—1927）

我国晚清民国时期著名艺术家，绘画、书法、篆刻皆精

与《向日葵》相比，这幅看起来要闲适得多。不要忽视这幅画中的字哦，书法入画为国画所特有。

亲手制作爱的花朵

1 以正方形卡纸的中心为起点画弧线。

2 沿弧线将卡纸剪成长条。

3 将长条由外向内卷起来。

4 卷好后在底部涂上乳胶固定，作品完成。

准备粉红色和玫红色的皱纹纸。

将两种颜色的皱纹纸整齐叠在一起。

用穿好线的针在皱纹纸中部缝线。

缝的时候针脚稍大,缝好后轻轻拉线形成皱褶。

将缝好线的皱褶纸卷起来,底部涂乳胶固定即可。

金鱼

马蒂斯（1869—1954）
法国著名画家

您发现了吗，这幅画是以俯视的视角布局的。画中的鱼缸里养了几条金鱼？四条还是八条？如果无法确定，不妨从养了金鱼的鱼缸上方观察一下吧。

鱼藻图（绢本）

缪辅

明代画家，生卒年不详

这画纵171.3cm，横99.1cm，以一条鲤鱼为主体，描绘群鱼追逐戏水情景：藻荇漂浮，茭菇丛生，游鱼可数，每条鱼鱼鳞清晰可见，形神逼真，栩栩如生。

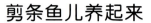

剪条鱼儿养起来

这条热带鱼身子是三角形，尾巴是梯形，鱼身上的花纹您可以自由变化。

这条金鱼身子是圆形的，尾巴是梯形。鱼身上的花纹您可以自由变化。

这是一条有椭圆形身子和三角形尾巴组成的热带鱼。还可以用不同的基本图形组成不同形状的鱼。您不妨试一试吧。

有颜色的几何图形

构成四号

瓦西里·康定斯基
（1866—1944）

俄国画家和美术理论家

这幅画似乎就是线条和色彩的游戏。如今精准再现不再是画家们的追求，他们追求的是自由、有生物形态的造型和色彩。在康定斯基看来："色彩和形式的和谐，从严格意义上说必须以触及人类灵魂的原则为唯一基础。"

作曲

彼埃·蒙德里安
（1872—1944）

荷兰画家

蒙德里安的画充满直线、色块和理性的方形构图，比如这幅《作曲》。它们为现代平面设计定下了基调，我们经常会在一些品牌服装和家具中看到它们的身影。

熔化的蜡笔画

❶ 在纸板上排列七彩的蜡笔，用针和线把蜡笔固定在纸板上。

❷ 打开吹风机把它们熔化掉。

试一试

如果一根一根地吹熔蜡笔，会不会有惊喜呢？

我们还可以变化一下摆放蜡笔的方式，看看会出现什么？

母与子

母亲、孩子与猫

玛丽·卡萨特（1844—1926）
美国画家和图形艺术家

画中蓝色、黄色、紫色的运用，形成了一个极其富丽明媚的色彩世界，母与子的对视表现出自然愉快的天伦之乐。画家卡萨特虽然终身未嫁，但她描绘了一个纯净安详，处处充满阳光及温馨可人的幸福之感的母爱世界。所以高更说"玛丽·卡萨特有魅力，但也有力量"。

船上母子

埃德蒙德·查尔斯·塔贝尔（1862—1938）
美国印象派画家

　　画家一生画了很多幅以妻女为模特的肖像画作品，饱含温情，色彩绚丽。这一幅，定格在夏日温暖的午后。阳光在湖面上播撒下一片金色，随徐徐微风不时闪烁着。一只小木船正悠悠地向湖心荡去，湖底的水草随波摇曳。母亲怀抱着女儿静静地坐在船头，阳光和树影在她们身上灵动地跳跃着。妈妈满怀爱意地望着怀里的宝贝，小姑娘则懵懂地望着画面以外的爸爸，眼神充满了好奇和期待。

　　画家用灵动的笔触描绘出光影的丰富变化，人物、景物的轮廓在光照下仿佛镶上了一条金边。这幅小品式创作表达的是色彩的丰富变化，以及静逸的田园生活。

用"心"连接母与子

1 将卡纸剪成宽1.5cm,长12.5cm的纸条,将四根纸条用订书机钉在一起。

2 将外侧的两根纸条下翻。

3 在外侧加两根纸条用订书机固定在一起。

4 首尾衔接,做更多的"心"。

舞蹈

敦煌石窟双飞天

画中的敦煌双飞天，身材修美丰满，昂首挺胸，衣裙巾带随风舒展，像两只空中游飞的燕子，是不是充满了潇洒轻盈的飞行之美？从画里面你能不能体会初唐时期奋发进取的精神和自由欢乐的情绪呢？

舞蹈纹彩陶盆

新石器时代

现收藏于中国国家博物馆。这个陶盆中的花纹与《舞蹈》在构图、线条、色彩和体现的动势上有异曲同工之妙哦。

舞蹈

马蒂斯（1869—1954）

法国著名画家

不需要具体情节，这样色彩热烈、线条简洁，就传递出轻松、欢快的气氛和力量感。画家马蒂斯说："舞蹈是一种惊人的事物：生命与节奏。"你有没有从他的画中领略到舞蹈的魅力呢？

 跳舞吧

跳舞的小孩

1 长方形的纸对折两次。

2 用铅笔画出人物轮廓线。

3 按照轮廓线剪出形象，涂色吧。

面具

1. 在硬纸板上画出面具的眼部。
2. 接着画出外部轮廓。
3. 用剪刀剪出眼睛和轮廓。
4. 贴上用吸管制作的手柄,用彩笔稍作装饰。

住所

黄房子

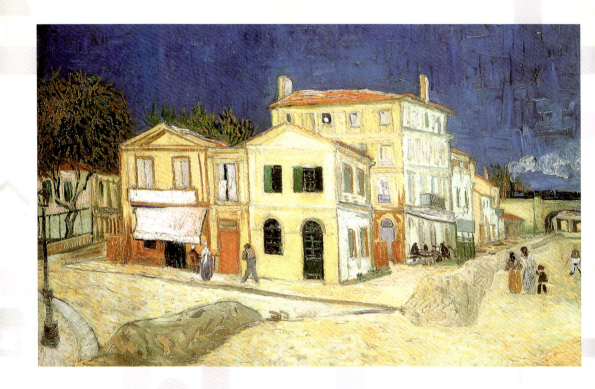

梵高（1853—1890）
荷兰后印象派画家

　　大面积的黄色，使得画面特别温暖。画家很喜欢使用互补色，比如画中黄与蓝的对撞，让颜色变得更加醒目。你发现了吗？画中水平线在整幅画的高处， 我们看前面的景物就好像从高处俯视，有一种广角效果，我们好像也在画当中。

五月的早晨

摩西婆婆（1860—1961）
美国自学成才的画家

明快、清亮的色彩，使画者的平静、从容跃然而出。摩西婆婆70岁时丈夫去世，为了寻找新的人生寄托，她拿起画笔，从此绘画成了她安度晚年的亲密伴侣。只要我们愿意，我们就能够通过艺术，使自己的生命更自由、细致、丰富，更有活力。

阿尔弗的磨坊

亨利·卢梭（1844—1910）
法国画家

卢梭热衷于创造一个幻想的世界。他似乎生活在一个梦幻的世界里，这种天真的性格，使他的画具有原始童话般的魅力。他一生都没离开巴黎，可他创作的却是如此宁静的"田园风光"。

温暖的家

1 剪两张一样大的长方形卡纸,标为 ❶ ❸。

2 剪出如图所示的两张纸,预留可粘的位置如图,标为 ❷ ❹。

3 四张纸按顺序粘在一起,如下图。

4 瓦楞纸折成需要的角度,粘在房子上。

5 装饰你的房子吧。

1 长方形的纸对折，画一个长方形并剪开。

2 把剪出的部分往相反的方向对折。

3 沿着第一层折痕，剪出一个小长方形，方法同步骤1。

4 将剪好的房子立起来。

5 将房子恢复到平面用水笔画出你喜欢的颜色。

艺术胎教小叮咛

孕1月

胎宝宝还很小,孕妈妈没有任何感觉。

家庭所有成员都要积极参与,为孕妈妈创造一个轻松的生活环境,给予孕妈妈热情的帮助和充分的体谅,保证胎宝宝在温馨的氛围里健康成长。

尽量理解孕妈妈,因为指责对于孕妈妈是一种不良刺激,势必影响胎儿的发育。十月怀胎真的是件很辛苦的事。

孕2月

胎宝宝已经有了雏形,有的妈妈已经有了早孕反应。

不要因为怀孕就疏于打理自己的形象,精心打扮,自信乐观,开始尝试一下"辣妈驾到"的感觉吧。这是一种自娱的方式,更是一种有效的艺术胎教。趁着呕吐、困倦不适的间隙试试不同样式的新衣服吧。

孕 3 月

现在由胎盘向胎宝宝提供营养了,有的孕妈妈早孕反应开始慢慢减轻了。

艺术胎教的一大原则就是时刻与胎宝宝分享。当自己置身于艺术氛围当中而感觉舒适、愉快时,可以是因为音乐,也可以是因为绘画,还可以是因为雕塑,孕妈妈要及时地将自己所看所感通过和宝宝说话的方式与腹中胎宝宝分享。宝宝的艺术启蒙由此就开始啦。

孕 4 月

此时,胎儿的心跳可以用多普勒探测到。大多数的孕妈妈的早孕反应消失了。

在舒适的孕中期,孕妈妈可以定期地进行艺术活动,比如多接触艺术品、看展览、听讲座、读艺术类书籍等。孕妈妈也可以在家多动手,画画、剪纸或者做手工,也是很好的艺术胎教哦。

孕5月

大多数孕妈妈会在这个月感觉到胎动,它像蝴蝶在振翅,又像鱼儿吐泡泡,还像丝绸轻柔地拂过你的肚子。

有的孕妈妈怀孕后生怕累着影响胎宝宝,什么也不想干,什么也不想学。这样就矫枉过正了,其实胎宝宝是很喜欢学习的。孕妈妈和胎宝宝之间信息传递可以使胎宝宝感知到母亲的思想。如果孕妈妈保持旺盛的求知欲,胎宝宝大脑接受的外界信息也会增多哦。

孕6月

现在的胎儿看上去就是一个缩小版的新生宝宝呢。

特别是妊娠后期,胎儿已具备了听觉与感觉能力,对孕妈妈的言行能作出一定的反应。

如果孕妈妈在孕期与胎儿反复进行对话,胎儿就会产生神经条件反射,出生后的新生儿能有所熟悉和记忆。

孕7月

这个月，胎宝宝的脑波图像已经和足月出生的新生儿很相似了，而且处理视觉和听觉信息的大脑部分开始活动。如果还没有开始胎教，孕妈妈得赶紧进行啦。

动手做艺术手工是非常好的艺术胎教。进行的过程中不要忘记与胎宝宝时时交流，难易程度怎么样，心情如何，成品满不满意……

孕8月

胎宝宝的大脑现在开始复杂化。如果他现在出生，他已经能够看、听、记忆和学习。

虽然会经常感觉疲惫，但孕妈妈不要懈怠哦，这时候的胎教可是非常有效果的。画画、剪纸、针线活，都可以帮助孕妈妈保持心情的宁静。不妨怀着对胎宝宝浓浓的爱意用彩纸做一些"心"挂在家里，胎宝宝可是能感受到的哦。

孕9月

大多数胎宝宝以头朝下的姿势躺在孕妈妈的盆骨里，为即将到来的降生做准备。

孕妈妈一定要努力保持快乐的心情，如此胎宝宝出生后大多性情平和，情绪稳定，不爱哭闹，能很快地形成良好的生物节律，如睡眠、排泄、进食等。

孕 **10** 月

胎宝宝已经准备好啦，随时可能与爸爸妈妈见面呢。

不要听吓人的分娩故事，在育儿网站或身边已为人母的亲友间，这样的故事非常多。它们除了让自己更紧张外，没有任何益处。分娩到来之前，通过专业人员提前熟悉全过程；学习和练习一些缓解紧张情绪和疼痛的方法，比如呼吸法或者按摩法，以减少对分娩的恐惧和焦虑。做一个温馨的房子或者神奇的城堡吧，想象一下跟宝宝在宁静的清晨或温暖的午后一起醒来的感觉吧……

创意妈妈，天才宝宝

作品粘贴处

创意妈妈，天才宝宝

作品粘贴处